DES

# ANCIENS ROYALISTES

## ET DU GOUVERNEMENT.

——

LYON.

IMPRIMERIE DE LOUIS PERRIN,

GRANDE RUE MERCIÈRE, N. 49,

✿

# DES
# ANCIENS ROYALISTES

## ET DU GOUVERNEMENT,

*Par*

## Un Ancien Magistrat.

« Dans le temps où nous vivons, on ne peut trop
« s'affranchir des prestiges des noms et des
« préjugés ; les yeux du genre humain sont
« ouverts, et toutes les sociétés doivent être
« unies par les liens d'un visible et solide
« intérêt. » ( FRAGMENT D'UNE LETTRE DE
BURKE A SES CONSTITUANTS. )

## A LYON,

### CHEZ LES PRINCIPAUX LIBRAIRES.

—

## 1830.

# Avant-Propos.

✻

L'effet de la dernière révolution a été de
mettre en dehors du mouvement politique une
classe intéressante et nombreuse de la société.
J'ai entrepris de jeter entre elle et le gouvernement quelques idées de conciliation, quelques
vérités qui m'ont semblé utiles : tel est le but
de cet écrit.

Jamais peut-être ne fut plus désirable un rap-
prochement sincère entre les gens de bien des
partis opposés. L'expression de sa possibilité pa-
raîtra prématurée, tant est grande encore la
division des esprits ! mais, pour s'offrir trop tôt,
une pensée généreuse n'est pas toujours stérile :
si le présent la dédaigne, l'avenir peut la recueillir.

La liberté de la presse, si habile à faire naître et à nourrir nos divisions intestines, serait-elle impuissante à y porter remède? Non, j'espère, et j'ai regardé comme très constitutionnelle l'idée d'essayer cette démonstration. Puissé-je y avoir réussi !

L'apparition d'un écrit destiné à appeler aux élections les anciens royalistes, m'a semblé d'ailleurs opportune à une époque où la présentation du projet de loi électorale, annoncée comme prochaine, offre la vraisemblance d'une dissolution plus ou moins immédiate de la chambre élective.

# ANCIENS ROYALISTES

## ET DU GOUVERNEMENT.

L'auteur de cet opuscule appartenait, sous le dernier gouvernement, à l'opinion monarchique constitutionnelle.

Il remplissait, en 1824, les fonctions de procureur du roi dans un département du midi, lorsque la circulaire, devenue célèbre, du garde-des-sceaux d'alors, sur les élections, lui fut adressée. Il l'exécuta avec réserve, et ne sollicita la destitution d'aucun fonctionnaire public à raison de son vote électoral. Il n'hésita point, dès cette époque, à signaler au ministère l'influence naissante du parti jésuitique comme le principe légitime de l'indifférence que la population protestante, nombreuse en ces contrées, mettait, en général, à seconder ses vues.

Les années, en se succédant, n'altérèrent point la modération de ses sentiments politiques.

Il apprécia les bienfaits du dernier règne, sans s'aveugler sur ses fautes. Et quand les limites de ses attributions lui permirent de les signaler au ministère, il remplit ce devoir-là comme tout autre, avec indépendance et fermeté.

La disgrace qui a éclaté d'une manière si générale sur les membres du parquet, à la suite de la dernière révolution, ne l'a pas épargné. Fort d'une conscience pure, il a échangé sans regret contre une retraite paisible et honorable le poste difficile auquel la confiance du roi l'avait appelé.

Tel est le sommaire de sa vie publique.

Il n'y trouve rien qui le rende indigne d'essayer sur les partisans de l'ordre de choses qui n'est plus, et sur le gouvernement lui-même, le langage d'une raison impartiale et désintéressée.

Un regard en arrière est indispensable pour bien reconnaître notre situation présente.

## § I.

### *Des Ordonnances du 25 juillet.*

Après un long calme, le pouvoir royal enfanta ces fatales ordonnances, qui furent comme le testament de mort d'une monarchie de quatorze siècles. A leur apparition soudaine, le peuple s'émeut et court aux armes ; le désespoir, le sentiment de son droit triplent ses forces ; il combat, il triomphe ; et le malheureux, mais imprévoyant monarque, ne se réveille qu'au bruit de son trône qui tombe.

Les ordonnances du 25 juillet sont jugées sous le point de vue légal. Envisagées comme mesure de haute politique, comme *coup d'état* (1), elles ne supportent pas avec plus d'avantage l'épreuve de l'analyse. C'est ce qu'il est facile de démontrer à l'aide de quelques notions très simples qui font toute la théorie de cette matière.

« Les coups d'état, disait M. Royer-Collard à la chambre des députés, le 3 mars 1823, les

(1) Les ordonnances du 25 juillet n'ont été et ne sont, à mes yeux, qu'un *coup d'état ;* car je ne puis admettre l'interprétation abusive que les ministres de Charles X ont donnée à l'article 14 de l'ancienne charte ; mais j'admettrai, avec la plupart des publicistes, que tout pouvoir est en droit de recourir à des moyens extraordinaires pour triompher des obstacles qui menacent son existence, à moins toutefois que ces obstacles ne procèdent de son fait, et ne fussent de nature à être prévenus ou dissipés par une prévoyance ordinaire.

coups d'état ne peuvent être jugés par les lois positives, puisqu'ils se font contre elles, et sous prétexte qu'elles sont insuffisantes ou impuissantes ; mais ils sont soumis, comme les lois elles-mêmes, à la souveraineté universelle de la raison. Un coup d'état étant par lui-même un grand mal, lors même qu'il se propose un grand bien, la raison lui impose plusieurs conditions, et celles-ci particulièrement : Il faut qu'il soit nécessaire, il faut qu'il soit unique, c'est-à-dire, qu'il ne puisse pas ou qu'il ne puisse que très difficilement se renouveler. »

De ces principes parfaitement justes découle nécessairement la condamnation des ordonnances.

Il est évident en effet que ces actes de l'autorité royale ne pouvaient se suffire à eux-mêmes, ni se passer de la destruction plus ou moins rapide des résistances légales que leur établissement devait rencontrer, soit dans la pairie, soit dans la magistrature. Ce premier pas dans les voies périlleuses de l'illégalité en entraînait mille autres : il fallait à tout prix consolider le régime oppressif dans lequel on était entré ; la sécurité cessait d'être désormais le partage d'aucune position publique ; la fidélité perdait toute noblesse, l'obéissance toute dignité. Rien enfin n'était plus propre à démoraliser cette armée de fonctionnaires déja tant éprouvée par les réactions politiques et les élections.

La durée du système de gouvernement introduit par les ordonnances était donc politiquement impossible; et je ne suis pas de ceux qui affectent de dire qu'il se fût établi sans contradiction, si le ministère avait su prévenir ou réprimer l'insurrection malheureusement trop légitime du peuple de Paris. Ce système recelait dans son propre sein tous les germes d'une ruine inévitable : par la force même des choses, il fermait tout retour aux voies constitutionnelles; il brisait à jamais ce pacte sacré dont on le proclamait le régénérateur et l'appui; et , pour le caractériser d'un trait, son affermissement passager était au prix d'une anomalie presque sans exemple au monde : la tyrannie d'un Bourbon.

## § II.

*Effets de la Révolution dans les provinces.*

Il faut bien le reconnaître : légitime dans son principe, héroïque dans ses développements, tempérée dans ses conséquences, la révolution de 1830 s'est manifestée sous un aspect moins favorable dans la plupart de nos provinces. La puissance populaire avec ses exigences tumultueuses substituée tout-à-coup à l'action paisible et régulière des pouvoirs établis, des principes subversifs remis en vigueur, des solennités d'une autre époque remises en honneur, la religion tombée dans un discrédit profond, ses emblêmes outragés, ses ministres menacés, une armée sans discipline, des actes éclatants et nombreux d'insubordination aux lois, une guerre âpre et scandaleuse aux emplois publics : tels sont en partie les caractères affligeants sous lesquels cette révolution s'est offerte aux anciens royalistes. Je ne parle point ici des espérances trompées, des ambitions déçues, froissements personnels inséparables des réactions politiques, et sans action sur les opinions consciencieuses.

Ces premiers symptômes de perturbation et d'inquiétude se sont bientôt aggravés par des indices d'un malaise plus général.

L'altération progressive du crédit public, les mouvements séditieux qui ont menacé et menacent encore la sécurité de la capitale, la lutte alarmante des partis, la langueur alarmante du commerce et de l'industrie, la froide sympathie

des puissances étrangères pour notre révolution :
voilà sans doute plus d'éléments qu'il n'en faut
pour constituer une position peu rassurante , et
cette position est la nôtre. C'est d'elle aussi que
les anciens royalistes tirent la plupart des objec-
tions sur lesquelles ils se fondent pour garder
une attitude en dehors du nouvel ordre de choses;
et cette opposition d'inertie a pris un caractère
tellement arrêté qu'elle n'a pas craint de se pro-
duire aux dépens même de l'exercice de leurs
droits politiques, lors des dernières élections.

Il y a erreur, à mon avis, au fond d'une pareille
inaction; il y aurait danger pour l'ordre social
à y persister (1). L'essai de cette double démonstration fera le principal objet de cet opuscule.

Mais le ministère lui-même est-il sans obligations vis-à-vis des royalistes ? Non; car, comme
l'a dit un écrivain spirituel (2), ils sont en gé-

(1) On se rappelle la loi par laquelle Solon flétrissait
ceux qui, dans une sédition, ne prendraient aucun parti.
« Il était à craindre, dit Montesquieu, que dans une
« république travaillée par des dissensions civiles, les
« gens les plus prudents ne se missent à couvert, et
« que par là les choses ne fussent portées à l'extrémi-
« té. » *Esprit des Lois, liv.* XXIX, *chap.* 3.

(2) Voyez *les Folies du Siècle*, par M. de Lour-
doueix.

néral honnêtes gens ; et , sans admettre avec lui que ce soit là précisément un sujet de crainte pour un gouvernement , toujours est-il sensible que leur neutralité est une véritable anomalie sociale dont il lui importe d'explorer et de combattre les causes. Je hasarderai sur ce point quelques idées dans la dernière partie de cet écrit. Heureux si l'expression, sincère du moins, de ces sentiments pacifiques peut contribuer un jour à opérer cette réunion des partis qui sera l'espoir et peut-être la chimère de toute ma vie !

Il faut , avant tout , tirer du cœur des anciens royalistes les motifs secrets de leur inaction présente.

## § III.

### *Objections des anciens Royalistes.*

« Rien de régulier , rien de stable , disent-ils, ne saurait fleurir à l'abri des doctrines remises en lumière par la révolution. Une longue et sanglante expérience a prononcé sur le danger de ces doctrines. Le rôle des royalistes est d'en contrarier le développement, soit par une opposition directe , soit par le refus de concourir à tout acte politique dont on puisse induire la reconnaissance d'un gouvernement qui repose sur de tels principes. L'excès du mal peut seul en amener le remède. Laissons, laissons s'user par leur choc les deux fractions du parti libéral, et, par notre intervention dans cette lutte, n'autorisons point la France à nous imputer les malheurs qui peuvent en accompagner l'issue.

« Où serait d'ailleurs, pour nous royalistes, l'utilité d'aller aux élections ? notre insuffisance numérique ne saurait nous permettre l'espoir d'assurer le succès de nos candidats. Sur qui donc porter nos suffrages ? sur ces libéraux qui s'appliquent vainement à modérer aujourd'hui l'élan que leur imprudence naguère imprimait aux esprits ? sur des membres de la défection, ces *girondins* du temps actuel, et la cause de tous nos revers ? Autant vaut le triomphe des révolutionnaires purs; et notre vieille intégrité monarchique repousse ce mélange pernicieux de doctrines qui séduit les faibles, éternel aliment, parmi nous, de l'esprit de faction. Qu'irions-nous recueillir aux élections, que les sarcasmes, la dérision de nos adversaires, et la honte d'une défaite ! Qu'ils jouissent de leur triomphe éphémère ! Pour nous, demeurons dans nos foyers. »

Tel est le langage des hommes de l'ancienne

monarchie; tel, à quelque différence près, il était en 1792, lors de la formation de cette assemblée fameuse dont l'existence a laissé tant de traces sanglantes parmi nous.

Mais, de tous les motifs qui, lors des dernières élections, ont influé sur l'inaction des royalistes, le plus puissant, disons-le, est résulté de l'obligation de prêter serment de fidélité au nouveau roi, imposée aux électeurs par les instructions ministérielles. Tel a été leur éloignement pour l'accomplissement de cette formalité, qu'il est des arrondissements où, à raison de leur absence, le sort de l'élection a dépendu de la minorité du collége. Cette répugnance à reconnaître l'existence du gouvernement sorti de la révolution de juillet, a triomphé chez un grand nombre des inspirations les plus judicieuses, des prévisions les plus sages; elle a résisté à l'attrait même des chances de succès qui pouvaient s'offrir au parti monarchique pur dans quelques localités.

## § IV.

### *Du Gouvernement né de la dernière révolution.*

Je l'avouerai sans détour : je suis du nombre

de ceux qui avaient espéré que le dogme de la légitimité sortirait triomphant de la grande crise de juillet, et continuerait à répandre sur les destinées de la France l'influence féconde d'un régime de concorde extérieure et de paix. La reconnaissance de ce dogme si salutaire, malgré ses fictions, m'avait semblé, dans les circonstances actuelles, une combinaison dans laquelle il entrait autant de bonheur que d'équité. Protégé dans sa mission nouvelle par une charte claire et libérale, il ralliait tous ceux des anciens royalistes qui étaient sincèrement attachés aux libertés publiques. Par là disparaissait l'objection, tant de fois élevée par l'Opposition contre le parti monarchique, de simuler pour les idées constitutionnelles une affection qui n'était pas dans son cœur. Par là se réfutait le reproche d'aversion pour la branche aînée des Bourbons, que le parti royaliste, à son tour, n'avait cessé d'adresser à l'Opposition durant leurs longs débats sous le dernier règne. Ce reproche était-il désormais tolérable, alors que l'Opposition victorieuse n'aurait employé ses armes que pour protéger la reconnaissance du principe qu'on l'accusait de repousser et de méconnaître ! Ainsi, le nouveau régime serait devenu celui de tous les hommes de bonne foi, et jamais peut-être n'eût été plus prochaine cette réconciliation des partis qui, si elle n'est la plus applicable des conceptions politiques, en est au moins la plus séduisante.

Cette combinaison pacifique n'a pu prévaloir. La victoire a prononcé en faveur d'un prince dont l'écrivain de la légitimité a tracé le plus noble éloge, en disant que s'il avait le droit de disposer d'une couronne, il s'empresserait de la mettre à ses pieds. Ce roi, né si près du trône, et que distinguent des vertus réelles et une grande intelligence de son siècle, a été salué par les acclamations de l'immense majorité des Français. Quelques justes regrets qu'excitent les malheurs si constants de la dynastie déchue, quelque intérêt qu'inspire l'exil de ce royal orphelin qui, du moins, a ignoré les joies amères du rang suprême, cessons de nous le dissimuler : leur retour parmi nous ne saurait s'effectuer qu'au prix d'affreux déchirements.

Ceux donc des royalistes qu'un attachement austère aux principes de la légitimité, la puissance si respectable des souvenirs, pourraient éloigner encore des rangs de la monarchie nouvelle, devraient s'y rallier au moins par le sentiment de la nécessité ; sentiment impérieux dans les circonstances où nous sommes , et auquel les meilleurs et les plus nobles esprits de tous les temps ont rendu quelque hommage.

Essayons de justifier ces propositions , après avoir toutefois présenté quelques observations sur le serment politique considéré dans ses rapports avec l'exercice du droit électoral.

## § V.

### *Du Serment imposé aux Électeurs.*

Ni la loi du 5 février 1817 , ni celle du 29 juin 1820 , sur les élections, ne contiennent de disposition qui assujettisse les électeurs à prêter serment de fidélité. Cette obligation paraît avoir été introduite dans notre législation par une ordonnance royale du 20 août 1817. A cette époque et depuis, elle s'est accomplie sans contradiction de la part des électeurs.

Sans entrer encore dans l'examen de la légalité de cette mesure , une réflexion se présente naturellement : c'est que les anciens royalistes sont mal venus à se plaindre d'une disposition qui a préexisté au nouvel ordre de choses , et que les dépositaires actuels du pouvoir n'ont fait que reproduire ; car, si la formalité était arbitraire , ainsi qu'ils paraissent le penser aujourd'hui, comment arrive-t-il qu'elle n'ait excité dès lors aucune réclamation de leur part ? Comment ce qui, à leurs yeux , était légal en 1817, a-t-il cessé de l'être en 1830 ? Pourquoi ce silence , ou pourquoi ces plaintes ?

Laissons là cette préoccupation , et abordons nettement le fond de la question.

Comme il est toujours temps de corriger les imperfections d'une mesure législative ou réglementaire , c'est à tort , à mon avis , que le gouvernement actuel a imposé aux électeurs l'obligation d'un serment préalable à leurs votes ; car le serment ne peut être prescrit qu'aux fonctionnaires publics, et les électeurs n'ont point ce caractère. Cette doctrine n'est pas nouvelle : entre autres monuments de jurisprudence , on arrêt de la cour de Cassation, du 15 octobre 1812, la consacre formellement.

Et l'on peut dire qu'à défaut d'autorités, les raisonnements ne manqueraient pas pour la justifier. Quel est, en effet , le but du serment ? Évidemment d'enchaîner au gouvernement la fidélité de celui auquel le gouvernement confère une existence publique , et de cimenter ainsi le pacte qui les unit l'un à l'autre. Dans la même hypothèse, le serment est encore un acte de soumission et de dépendance : il exprime à merveille de la part de celui qui le prête, l'intention de vouer au gouvernement qui l'emploie, toute la part d'obéissance conciliable avec l'observation des lois.

Or, de ces divers rapports, aucun n'existe du gouvernement à l'électeur. Ce n'est point du pouvoir, c'est de la loi seule que celui-ci tient son droit; aucun lien d'obéissance autre que celui qui enchaîne tout citoyen ne l'unit à l'autorité, laquelle est impuissante à lui ravir une capacité pleinement à l'abri de son inconstance et de son caprice. Il y a donc disparité complète entre les deux hypothèses.

On peut objecter, à la vérité, l'exemple de quelques conditions publiques également indépendantes de l'action du gouvernement, et qui sont néanmoins assujetties à la formalité du serment. Mais les pairs et les membres de la chambre élective composent une portion notable des pouvoirs de l'État, et l'on concevrait difficilement, à ce titre, qu'ils fussent dispensés de s'y soumettre (1). Les avocats ont toujours été assu-

(1) D'Aguesseau disait dans l'assemblée des chambres, le 9 mars 1716 : « La pairie exige nécessairement

jettis à cette formalité, parce qu'on les a toujours considérés comme faisant partie de la justice (1). Leurs fonctions ont d'ailleurs une présomption de durée qui donne à penser qu'on les embrasse pour la vie; elles sont d'un exercice permanent, caractères que n'offre point la qualité d'électeur, et dont manque également celle de juré que la loi, par ce motif sans doute, n'a jamais soumise à la formalité du serment (2).

La prescription du serment imposé aux élec-

une réception, une prestation de serment, en un mot, une prise de possession solennelle où la puissance publique achève de former le caractère de l'homme public. *L'élévation de dignité ne peut servir qu'à rendre cette maxime plus inviolable et plus nécessaire pour le maintien de l'autorité royale.* »

(1) Voyez le discours prononcé à la chambre des pairs, le 8 décembre, par M. le vicomte Dubouchage.

Une remarque de fait témoigne d'ailleurs du peu d'importance que le gouvernement a attaché au renouvellement du serment des avocats à la suite de la dernière révolution. Ce serment n'a été exigé que de ceux qui se trouvaient présents aux audiences de rentrée des cours royales. Il n'a point été demandé aux avocats absents.

(2) Le même motif a porté la chambre des pairs à repousser la proposition d'assujettir ̩au serment les éditeurs des journaux. (*Séance du 8 décembre 1830.*)

teurs , ainsi que je l'ai fait remarquer, n'est point fondée sur des dispositions législatives propreme nt dites; elle résulte de dispositions puremen réglementaires. Il suit de là que la chambre des députés se prêtcrait difficilement peut-être à en consacrer l'application. Mais il y aurait danger, je crois , dans la situation actuelle des esprits , à engager une question aussi directement liée à l'existence même du gouvernement ; et les royalistes jugeront sans doute prudent de s'en abstenir , quand ils se seront pénétrés des hautes considérations politiques qui doivent les porter à user , même à ce prix, de leurs droits électoraux (1).

Mauvais casuiste , je n'irai point embarrasser ma logique de je ne sais quelles distinctions sophistiques entre le serment *politique* et le ser-

---

(1) La magistrature inamovible s'est montrée féconde en exemples de cette nature. La plupart de ceux qui en faisaient partie sous Charles X n'ont point hésité à prêter serment de fidélité au nouveau roi, et à faire abnégation de leurs anciens sentiments politiques en faveur de l'intérêt du pays.

On sentira très bien d'ailleurs que mon but principal, en me livrant à cette discussion, a été de porter le gouvernement à se départir, dans son intérêt même , d'une exigence qui n'est fondée sur aucun principe.

ment *moral*. Je m'explique net; et cet acte reli-
gieux exprime à mes yeux l'engagement de vouer
au Roi des Français sa fidélité comme sujet, aux
lois son obéissance comme citoyen, ni plus, ni
moins. Ce point entendu, rentrons en matière.

## § VI.

*Nécessité du concours des anciens Royalistes.*

La révolution de 1830 a mis en présence trois
opinions bien tranchées, bien distinctes : celle
des partisans de la légitimité, et les deux fractions
du parti constitutionnel, assez heureusement
qualifiées le *progrès* ou *mouvement*, et la *résistance*.

La fraction du *mouvement* se compose des républicains proprement dits et des ultra-consti-
tutionnels, gens voulant des institutions plus
démocratiques, des immunités populaires plus
larges, mais l'anarchie, point.

Le parti républicain est numériquement faible:
il n'a pu triompher alors qu'il était en armes,
sur son sol de prédilection, à Paris, à la suite
des journées de juillet. S'il était clairement isolé
du surplus du parti libéral, la question serait
résolue presque aussitôt que posée.

Mais il n'en est point ainsi. Ce parti, dont l'existence même a lieu d'étonner après tant de défaites et d'expériences, a dissimulé sa dispersion et sa faiblesse; en cachant soigneusement ses athlètes dans les rangs des hommes du mouvement: tactique déja vieille, mais que ses succès de nos jours semblent avoir rajeunie.

Ainsi, les hommes démocratiques sont devenus, jusqu'à nouvel ordre, les auxiliaires des républicains, pour ne s'en séparer peut-être qu'au jour d'un triomphe qui mettrait en lumière les prétentions réelles des uns et des autres.

Cette combinaison a procuré au parti de la république le double avantage d'accroître ses forces numériques, et d'acquérir pour organes des hommes dont le langage n'effarouche point trop l'opinion publique; car la France, bien éloignée d'avoir les vertus que ces novateurs lui imputent, a horreur des chimères républicaines.

Mais tous les esprits ne réprouvent pas au même degré peut-être l'idée de faire entrer pour une plus forte part la démocratie dans nos institutions. C'est de cette tendance encore trop manifeste que le parti démocratique pur attend le triomphe de sa cause. C'est par cette issue, et par elle seulement, qu'il peut espérer de se glisser au pouvoir (1). Car des factions divisées entre elles de vues et de principes, impuissantes peut-être à édifier un systême raisonnable et homogène, excellent à détruire un système établi, quand leurs intérêts actuels comportent ce renversement ; et l'histoire est féconde en enseignements de cette nature (2).

Cette coalition, formidable par son audace, par la popularité et la probité politique de quel-

(1) Ces lignes étaient écrites, lorsqu'un honorable député, homme d'expérience et l'un des vétérans de la liberté, M. Charles de Lameth, après avoir, dans la séance du 28 décembre, signalé l'existence incontestable du parti républicain, a fait retentir la tribune de ces paroles remarquables : « Pour conserver la pureté de nos institutions telles qu'elles sont aujourd'hui, il faudrait d'abord pénétrer le peuple de cette idée qu'il jouit enfin des libertés que lui a promises la révolution. *Ces libertés sont à leur apogée; ceux qui le nient sont ceux qui veulent la république.* »

M. de Lameth s'est rendu en cette occasion, je ne crains pas de le dire, l'organe de tous les gens qui ne veulent pas immoler l'avenir de leur pays à de vaines espérances ou à d'impraticables utopies.

(1) Les succès que le parti libéral a obtenus dernièrement, de son alliance avec le parti appelé la *défection*, offrent un exemple sensible de l'évidence de cette proposition.

ques-uns de ses chefs, et par les sympathies qu'elle a soin d'exciter au sein de la nation , n'a guère eu jusqu'à ce jour d'autre adversaire que le parti constitutionnel modéré : les anciens royalistes sont demeurés en dehors de la lutte , tout comme s'ils n'étaient en aucune façon intéressés à son issue.

On m'objectera, je le sais, que toutes les phases de cette lutte ont été jusqu'à présent à l'avantage du parti de la modération ; qu'il a triomphé constamment dans les deux chambres. On ne manquera pas de faire sonner bien haut l'incontestable appui qu'il a rencontré jusqu'ici dans le dévouement de la garde nationale et dans la majorité de la nation ; et, pour preuve de ce dernier fait, on invoquera sans doute le résultat des élections partielles qui viennent d'avoir lieu.

Ce sont là de ces vérités d'un jour qui ne concluent rien de péremptoire pour l'avenir.

En 1792 aussi , les girondins « possédaient l'opinion générale qui réprouvait les excès ; ils avaient conquis une grande partie des députés qui arrivaient chaque jour à Paris ; ils avaient tous les ministres, excepté Danton qui.... ne se servait pas de sa puissance contre eux ; enfin, ils montraient à leur tête le maire de Paris (Pétion),

l'homme du moment le plus respecté.... (1). »
Qu'advint-il bientôt de tant de puissance et d'a-
vantages ? L'histoire nous l'apprend.

N'avons-nous pas vu cette minorité tant dé-
daignée obtenir naguère dans la question de la
peine de mort un succès éclatant sur la majorité
de la chambre élective et sur le ministère lui-
même ? Ne sommes-nous pas les témoins, j'ai
presque dit les confidents, de ses audacieuses espérances, de ses vues et de ses projets criminels?
N'est-ce pas sous sa protection que s'enhardissent
chaque jour les maximes les plus subversives ;
que l'indiscipline, l'oppression, la terreur même,
aspirent à dominer l'action du gouvernement et
des chambres ? N'est-ce pas elle qui a brisé cette
charte qu'un illustre orateur proclamait l'expression absolue des vœux et des besoins du vrai citoyen (2) ? N'est-ce pas elle qui a mutilé la pairie

(1) Histoire de la Révolution, par M. Thiers, tom. III,
pag. 141. — L'influence que les girondins avaient con-
quise à la Convention était telle que leurs membres furent portés au bureau de cette assemblée à la presque
unanimité des suffrages.

(2) « Celui qui veut plus que la charte, moins que
la charte, autrement que la charte, est un mauvais
citoyen. » (Le général Foy.)

Le renversement de la charte de Louis XVIII a inspiré

et renversé du pouvoir ces doctrinaires regardés naguère comme les interprètes du bon-sens national et de la raison publique? N'est-ce pas elle enfin qui appelle à grands cris la guerre étrangère comme un moyen de perturbation et de désordre, et qui provoque avec ardeur le bouleversement de la magistrature et la dissolution de cette chambre, devenue l'ancre de salut de tous les amis de l'ordre et de la paix publique (1)?

A ces succès, à ces tentatives, qui pourrait méconnaître la puissance du parti démocratique,

à M. Henri Fonfrède, dans l'*Indicateur de Bordeaux*, plusieurs articles remarquables de logique et d'onction, et qui répandent un grand jour sur notre situation actuelle.

(1) Le parti du *mouvement*, qu'on suppose assez généralement sans écho dans les provinces, s'y manifeste de temps à autre par des insinuations hostiles et par des exhortations, où fort heureusement la naïveté le dispute à l'audace. Un journal de département que j'ai sous les yeux, contient un article récent contre les anciens royalistes, dans lequel on lit ce qui suit : « L'argent manquerait, dit-on, pour organiser une armée de ligne nombreuse. Détestable raison ! est-ce que l'argent a manqué pour la profusion du milliard aux émigrés ? CHERCHEZ-LE OU IL EST, ET SOYEZ ASSURÉ QUE VOUS LE TROUVEREZ. »

puissance passionnée, puissance progressive; car c'est le propre des idées républicaines, favorables au plus grand nombre, de se propager rapidement, aussitôt que leur essor cesse d'être comprimé!

« C'est bien peu connaître le temps où nous vivons et le pays que nous habitons, disait dernièrement un noble pair, que d'ignorer que dix hommes passionnés, marchant avec ardeur, énergie, et d'une volonté persévérante vers un même but, ont plus de force et de puissance réelle que cent amis de l'ordre et de la paix, qui préfèrent le repos à tous les débats politiques et qui s'enferment pour ne pas entendre le bruit que les autres font dans la rue (1). »

A ces ressources déja puissantes du parti démocratique, ajoutez maintenant celles qu'il est en mesure de conquérir à la faveur d'une loi d'élection largement libérale, mettez en ligne de compte les opinions qu'il doit aspirer naturellement à recruter par la contradiction, par les mécontentements, par les injustices même et les aberrations du gouvernement, et vous aurez une idée assez exacte des forces qu'il pourra graduellement présenter à ses adversaires.

(1) Discours de M. le duc de Fitz-James à la chambre des pairs, séance du 11 décembre.

Que conclure de toutes ces choses ? qu'il y a pour les anciens royalistes nécessité pressante de fortifier par leur concours le parti de la résistance contre celui du mouvement, soit en dépouillant ce levain d'hostilité qu'ils peuvent avoir encore contre le nouvel ordre de choses, soit surtout, en se rendant aux élections, où les appellent les nécessités du pays, leur intérêt personnel, et, si j'ose le dire, le soin de leur propre dignité.

En allant aux élections, les royalistes ont à choisir, ce me semble, entre deux combinaisons également intéressantes :

Ils peuvent, en votant pour le candidat constitutionnel, faire aisément pencher la balance en sa faveur, et écarter ainsi l'homme *progressif;*

Ils peuvent encore enregistrer leur voix sur un candidat tiré de leurs rangs, et constater ainsi la force numérique de l'opinion royaliste.

J'ai démontré suffisamment plus haut les avantages de la première tactique. Les royalistes, de même que les constitutionnels, ont un intérêt direct à ce que le *mouvement* ne triomphe pas de la *résistance.*

Et lors même que la défaite des ennemis de ce dernier parti pourrait rigoureusement s'opérer sans leur concours, une bonne politique devrait encore les engager à y prendre part; car la place des royalistes est toujours en face des ennemis de l'ordre monarchique et de la paix.

Quant à l'objection du reproche auquel les expose leur intervention dans le cas où la lutte entre les partis opposés deviendrait cruelle et sanglante, elle est en vérité frivole. Il n'est qu'une hypothèse dans laquelle la responsabilité de tels malheurs pourrait peser sur les royalistes : celle au contraire où ces malheurs seraient dérivés de leur inconcevable inaction; car un citoyen peut être blâmable pour avoir refusé à sa patrie l'exercice de son droit politique, jamais pour en avoir fait un légitime usage.

« Nos adversaires, disent les royalistes, sont divisés de vues et de principes, il les faut laisser s'user par leur choc. » — Fort bien, si ce choc devait être sans action sur vos intérêts d'affection et de propriété. Mais, pourrait-il en être autrement? Est-il de nature à s'établir sans jeter la France dans d'affreuses convulsions, sans appeler sur elle des calamités incalculables ? Vous parlez de choc et de neutralité, vous, portion riche et puissante de la nation ! Et si, par aventure, la lutte tourne au profit du parti progressif, que deviendrez-vous ?

Que si les royalistes ne peuvent surmonter leur
répugnance à secourir les vainqueurs , si leur
conscience résiste à l'idée de voter avec leurs anciens adversaires , nous leur dirons encore :
« Rendez-vous aux élections , ne fût-ce que pour
« accomplir un devoir politique et pour notifier
« votre existence et votre force aux ennemis de
« l'ordre et de la vraie liberté. Venez protester
« par vos suffrages contre les progrès de l'anar-
« chie et dégager votre responsabilité des maux
« futurs de la patrie. Quittez cette attitude oisive
« qui déconcerte tous les amis de la paix pu-
« blique et qui fortifie les soupçons de la mal-
« veillance. Démentez hautement, par une gé-
« néreuse coopération le bruit de ces dissiden-
« ces intestines dont l'étranger se repaît avec
« avidité dans l'intérêt de ses desseins hostiles.
« Pardonnez aux vainqueurs les succès que l'im-
« prévoyance et la témérité leur ont faits , et
« que le pouvoir sous l'égide duquel notre belle
« France a mis ses destinées, obtienne de vous
« un peu de cette sollicitude et de cet intérêt
« si fidèles au malheur ! La famille déchue n'a
« point, dans sa retraite, emporté tous vos ti-
« tres d'honneur. Un autre ordre de devoirs ,
« fécond en principes de gloire et d'illustration,

« s'ouvre pour vous. Sujets dévoués sous la mo-
« narchie qui n'est plus, soyez citoyens sous celle
« qui s'élève. Votre carrière politique aura été
« dignement remplie. »

Mais le ralliement des royalistes ne dépend
pas moins du gouvernement que des royalistes
eux-mêmes. L'examen de la conduite qu'il aurait
à tenir pour l'opérer, va maintenant m'occuper.

## § VII.

### Des Devoirs du Gouvernement envers les anciens Royalistes.

La direction des peuples est devenue, de nos
jours, une tâche difficile, et cette observation,
bien propre à inspirer une juste réserve aux cen-
seurs du pouvoir, est vraie surtout quand il s'agit
d'un gouvernement né récemment, comme le
nôtre, au sein de l'effervescence d'une réaction
populaire.

J'ai dévoilé plus haut une partie des abus et des
désordres qui, aux yeux de tous les hommes à
principes, ont, dans quelques provinces, enlaidi
la dernière révolution.

Sans doute il eût dépendu du gouvernement
de prévenir quelques uns de ces abus et de ces

désordres par une attitude plus ferme , par une méfiance moins universelle des fonctionnaires appartenant au précédent régime. Mais , d'autre part , je crois , on a trop gourmandé certaines prévenances , certaines concessions nécessaires peut-être pour désarmer quelques prétentions menaçantes qui se manifestaient. On ne paraît pas avoir suffisamment tenu compte des difficultés graves que le pouvoir royal, déja si limité , a rencontrées à jeter ses fondements au milieu du choc des partis , et à comprimer, par une action toute morale , la faction faible , mais audacieuse , mais en armes , qui vociférait l'établissement de la république.

Ces excès et ces fautes sont déja loin de nous , car cinq mois ont passé sur eux , et, aux temps où nous vivons, cinq mois sont presque un siècle.

Aujourd'hui le ministère serait inexcusable du retour des uns ; il dépend de lui de réparer les autres. Car les circonstances qui ont pu motiver son inaction et sa faiblesse , ne subsistent plus ; et s'il est de l'intérêt, s'il est du devoir des anciens royalistes de ne plus lui refuser leur concours, il est aussi dans ses obligations de satisfaire à leurs exigences légitimes , et de leur faire en quelque sorte un régime auquel ils puissent se rallier sans blesser la sécurité de leur conscience.

Faire respecter l'ordre et les lois, assurer le libre exercice des cultes, réprimer avec énergie, avec impartialité, tout excès contre les personnes et les propriétés, n'employer que des gens probes, ne récompenser que des services honorables, propager avec zèle tous les principes conciliateurs, flétrir sans ménagement toutes les doctrines hostiles et antisociales : voilà les éléments d'un régime auquel nul citoyen ne saurait sans blâme refuser son concours ; voilà celui que tous les hommes monarchiques, et je dois ajouter, tous les hommes d'ordre et de bien, sont en droit d'attendre du gouvernement.

On l'a dit avant moi : ce qui manque surtout au ministère, c'est un sentiment plus prononcé de confiance dans ses forces. Il ne se persuade pas assez que l'immense majorité des Français repousse une liberté turbulente et désordonnée, qu'elle a soif de conservation et de stabilité ; et cette méfiance, qui se trahit de temps à autre par d'inexplicables concessions (1), réagit sur la

____

(1) Je ne saurais taire, à ce propos, l'impression pénible que j'ai éprouvée à la lecture de la proposition faite à la chambre des députés par M. le ministre de l'intérieur, le 11 décembre, « d'éterniser par une in-

France, altère sa sécurité, décourage son commerce et paralyse son industrie. De là, ce nombre
alarmant de faillites qui consomment graduellement notre prospérité, naguère tant enviée ; de
là, ce malaise que ressentent les classes infé-
rieures, et dont la prolongation pourrait devenir
fatale à notre repos.

L'épuration des fonctionnaires publics est un
produit naturel des révolutions. Cette opération
s'est distinguée, sous la révolution de 1830, par
un caractère d'universalité qu'aucune autre n'avait
encore offert. Les destitutions en masse ne sau-
raient, je crois, se soustraire à deux reproches
essentiels : elles sont nécessairement injustes et
impolitiques. Injustes ; car sur un aussi grand
nombre de fonctionnaires, tous ne sont pas cou-
pables au même chef de fidélité envers le gou-

scription gravée sur les murs du Panthéon, *le dévouement de Bories et de ses braves compagnons*, *morts
pour la cause de la liberté* ». Il s'agit ici de quatre
sous-officiers juridiquement condamnés en 1822, pour
crime de conspiration contre le gouvernement établi. On
ne saurait sans trouble mesurer les conséquences d'un
semblable systême. Les gouvernements, qui sont soli-
daires entre eux en matière de finances, devraient bien
l'être aussi en fait de principes.

vernement déchu. Impolitiques; car le rôle d'un ministère habile est de donner à penser qu'il se dirige par des principes tels qu'il n'ait pas à re- douter pour eux l'antipathie d'une portion nom- breuse, probe et éclairée de la nation.

Un autre inconvénient des destitutions en masse, c'est d'ouvrir une large porte à l'immo- ralité, à l'inaptitude, à l'indignité; c'est d'offrir un champ trop vaste au développement des pas- sions humaines. Tel administrateur n'est congré- ganiste que parce que sa place a tenté une ambi- tion long-temps captive; tel magistrat n'est suspect d'absolutisme que pour avoir repoussé naguère une exigence contraire à son devoir; tel autre ne doit son maintien en fonctions qu'à la souplesse de sa conscience, à la docilité de sa conduite, et la sécurité de son existence publique se trouve fortifiée par les motifs mêmes qui de- vaient la lui faire perdre.

Qu'attendre d'un pareil conflit d'hommes et de choses? Rien de satisfaisant, rien d'homogène. Qui pourrait ignorer néanmoins l'influence du choix des fonctionnaires publics sur la force mo- rale, sur la stabilité d'un système de gouver- nement? Influence manifeste, surtout dans les provinces, où la tendance est grande à juger le gouvernement par le caractère des magistrats dont il fait choix, par les antécédents et la conduite des auxiliaires qu'il emploie; et tel fonctionnaire suffit à lui seul pour y déconsidérer un régime.

On ne saurait trop le redire : l'attrait que présentent les fonctions publiques est une des grandes plaies de notre corps social, et le meilleur gage que le ministère pût offrir de la moralité de ses intentions serait d'y apporter un prompt remède, en travaillant sans relâche à affaiblir les séductions dont elles sont entourées.

Mais un vœu, un vœu surtout, doit dominer cet ensemble d'exhortations et d'espérances, c'est que le gouvernement s'applique à faire disparaître, à force de justice et de modération, cette ligne odieuse de démarcation qui sépare les anciens royalistes des hommes de la nouvelle monarchie; qu'il agrandisse le cercle que d'imprudents amis le portent sans cesse à restreindre, et qu'il n'imite de la Restauration que ses bienfaits, et non point ses erreurs ! Qu'il se pénètre enfin de cette pensée vraiment libérale, qu'un gouvernement habile et probe doit braver l'inimitié des méchants, et planter avec sécurité sa bannière au milieu des honnêtes gens de tous les partis, car sa puissance morale et sa dignité sont au prix de leur concours.

*Point de réaction*, *point de persécutions !* Ces paroles, sorties naguère d'une bouche auguste (1), devraient être la règle constante des dépositaires du pouvoir. C'est en la mettant sincèrement en pratique qu'ils pourront ranimer la confiance, opérer la fusion des partis, et fermer sans retour en France, après tant d'orages, l'abyme des révolutions.

(1) Réponse du Roi à la députation de la garde nationale de Montauban.